MW01484027

«9Marks, como ministerio, ha tomado la enseñanza básica de la Biblia acerca de la iglesia y la ha puesto en las manos de los pastores. Bobby, a través de estas guías de estudio, ha tomado esta enseñanza y la ha entregado a la persona sentada en el banco de la iglesia. No conozco ninguna otra herramienta que ayude —de forma tan completa y práctica— a los cristianos a entender el plan de Dios para la iglesia local. Estoy deseando usar estos estudios en mi propia congregación».

Jeramie Rinne, Pastor principal, *South Shore Baptist Church*, Hingham, Massachusetts

«Bobby Jamieson ha hecho un servicio increíble a los pastores de las iglesias locales al escribir estas guías de estudio. Claras, bíblicas y prácticas, dan una introducción a la base bíblica de una iglesia sana. Pero lo más importante es que equipan y desafían a los miembros de la iglesia a ser parte del proceso de mejora de la salud de su propia iglesia. Los estudios se pueden hacer de forma individual, en grupos pequeños, y con grupos más grandes. Los usé el año pasado en mi propia iglesia y he apreciado lo fácil que ha sido adaptarlos a la realidad de mi congregación. No conozco nada parecido. ¡Altamente recomendable!».

Michael Lawrence, Pastor principal, *Hinson Baptist Church*, autor de *Biblical Theology in the Life of the Church*

«Este es un estudio bíblico verdaderamente enraizado en la Biblia e implica estudiar de verdad. En la serie *Guías de estudio 9Marks de una iglesia sana*, se ha establecido un nuevo estándar para el descubrimiento teológico y la correspondiente aplicación personal. Una rica exposición, preguntas convincentes y síntesis claras se combinan para hacer una visita guiada a la eclesiología (la teología de la iglesia). No conozco mejor currículo que este para generar entendimiento e implicación en la iglesia. Será un recurso bienvenido en nuestra iglesia durante los próximos años».

Rick Holland, Pastor principal, *Mission Road Bible Church,* Prairie Village, Kansas

«En los Estados Unidos tenemos hoy las iglesias más grandes de la historia de nuestra nación, pero el menor impacto para el reino de Cristo. Un marketing hábil y unas declaraciones de visión finamente pulidas son un fundamento de arena. La serie *Guías de estudio 9Marks de una iglesia sana* es una alternativa refrescante a los típicos materiales de crecimiento de iglesias, que lleva a un estudio profundo de la Palabra de Dios, que equipará al pueblo de Dios con su visión para su iglesia. Estas guías de estudio llevarán a las congregaciones locales a abandonar las metodologías seculares de crecimiento y en su lugar confiar en los principios de Cristo para desarrollar asambleas sanas que honren a Dios».

Carl J. Broggi, Pastor principal, *Community Bible Church,* Beaufort, Carolina del Sur; Presidente, *Search the Scriptures Radio Ministry*

«Cualquiera que ame a Jesús amará lo que Jesús ame. La Biblia enseña claramente que Jesús ama a la iglesia. Él conoce y cuida a las iglesias individualmente y quiere que sean espiritualmente sanas y vibrantes. Jesús no solo dio su vida por la Iglesia, sino que también ha dado muchas instrucciones en su Palabra con respecto a cómo las iglesias deben vivir y funcionar en el mundo. Esta serie de estudios bíblicos de 9Marks muestra cómo la Escritura enseña estas cosas. Cualquier cristiano que trabaje estos materiales —preferiblemente con otros creyentes— verá de una manera fresca la sabiduría, el amor y el poder de Dios para establecer la iglesia en la tierra. Estos estudios son bíblicos, prácticos y accesibles. Recomiendo altamente este plan de estudio como una herramienta útil que ayudará a cualquier iglesia a abrazar su llamado para mostrar la gloria de Dios a un mundo que observa».

Thomas Ascol, Pastor principal, *Grace Baptist Church of Cape Coral*, Florida; Director Ejecutivo, *Founders Ministries*

LA BUENA NOTICIA DE DIOS: EL EVANGELIO

GUÍAS DE ESTUDIO 9MARKS DE UNA IGLESIA SANA

Edificados sobre la Roca: La iglesia

Oyendo la Palabra de Dios: La predicación expositiva

Toda la verdad acerca de Dios: La teología bíblica

La buena noticia de Dios: El evangelio

Un cambio verdadero: La conversión

Alcanzando a los perdidos: La evangelización

Comprometiéndonos unos con otros: La membresía de la iglesia

Guardándonos unos a otros: La disciplina en la iglesia

Creciendo juntos: El discipulado en la iglesia

Guiándonos unos a otros: El liderazgo de la iglesia

EDIFICANDO IGLESIAS SANAS

LA BUENA NOTICIA DE DIOS:
EL EVANGELIO

GUÍAS DE
ESTUDIO DE
UNA IGLESIA
SANA

BOBBY JAMIESON
MARK DEVER, EDITOR GENERAL
JONATHAN LEEMAN, DIRECTOR DE EDICIÓN

La buena noticia de Dios: El evangelio
Copyright © 2015 por 9Marks para esta versión española

Publicado por 9Marks
525 A Street Northeast, Washington, D.C., 20002, Estados Unidos

Publicado por primera vez en inglés en 2012 por Crossway, 1300
Crescent Street, Wheaton, Illinois 60187, bajo el título *God's Good
News: The Gospel*
Copyright © 2012 por 9Marks

Con agradecimiento a Crossway por la cesión de las portadas.

Todos los derechos reservados. Ninguna parte de esta publicación
puede ser reproducida, almacenada en un sistema de recuperación,
o transmitida de ninguna forma ni por ningún medio, ya sea elec-
trónico, mecánico, fotocopia, grabación, o de otra manera, sin el
permiso previo del que publica.

Traducción: Vladimir Miramare
Revisión: Olmer Vidales
Diseño de la cubierta: Dual Identity Inc.

Las citas han sido tomadas de la versión Reina-Valera 1960 © So-
ciedades Bíblicas Unidas, excepto cuando se cite otra. Usada con
permiso.

Todo énfasis en las Escrituras ha sido añadido por el autor.

9Marks ISBN: 9781095883501

ÍNDICE

INTRODUCCIÓN

¿Qué significa la iglesia local para ti? Quizá ames a tu iglesia. Amas a la gente. Te encanta la predicación y los cánticos. Estás deseando asistir el domingo, y tienes comunión con otros miembros de la iglesia a lo largo de la semana. Tal vez tu iglesia sea solo un lugar en el que apareces un par de veces al mes. Llegas tarde a escondidas, y te marchas antes de tiempo.

En 9Marks estamos convencidos de que la iglesia local es donde Dios quiere mostrar su gloria a las naciones. Y queremos ayudarte a captar esta visión, junto con tu iglesia entera.

Las *Guías de estudio 9Marks de una iglesia sana* son una serie de estudios de seis o siete semanas sobre cada una de las «nueve marcas de una iglesia sana», más un estudio introductorio. Estas nueve marcas son las convicciones esenciales de nuestro ministerio. Para proveer una rápida introducción a ellas, hemos incluido un capítulo del libro de Mark Dever *¿Qué es una iglesia sana?* en cada estudio. No pretendemos que estas nueve marcas sean las cosas más importantes acerca de la iglesia o que sean las únicas cosas importantes sobre la iglesia. Pero sí creemos que son bíblicas y por tanto útiles para las iglesias.

Así que, en estos estudios, vamos a trabajar los fundamentos bíblicos y las aplicaciones prácticas de cada marca. Los diez estudios son:

11

LA BUENA NOTICIA DE DIOS

- *Edificados sobre la Roca: La iglesia (un estudio introductorio)*
- *Oyendo la Palabra de Dios: La predicación expositiva*
- *Toda la verdad acerca de Dios: La teología bíblica*
- *La buena noticia de Dios: El evangelio*
- *Un cambio verdadero: La conversión*
- *Alcanzando a los perdidos: La evangelización*
- *Comprometiéndonos unos con otros: La membresía de la iglesia*
- *Guardándonos unos a otros: La disciplina en la iglesia*
- *Creciendo juntos: El discipulado en la iglesia*
- *Guiándonos unos a otros: El liderazgo de la iglesia*

Cada uno de estos estudios analiza en profundidad uno o más pasajes de la Escritura y considera cómo aplicarlos a la vida de tu congregación. Esperamos que sean igualmente apropiados para la escuela dominical, los grupos pequeños, y otros contextos donde un grupo de entre dos y doscientas personas puedan reunirse y estudiar la Palabra de Dios.

Estos estudios se basan principalmente en la observación, en la interpretación, y en preguntas de aplicación, así que ¡prepárate para hablar! También esperamos que estos estudios proporcionen oportunidades para que las personas reflexionen juntas so-

Introducción

bre sus experiencias en la iglesia, cualesquiera que sean. ¿Cuál fue la buena noticia más reciente que recibiste? ¿Qué la hizo tan buena? ¿Qué diferencia marcó en tu vida? Como cristianos, somos gente de buenas noticias. Creemos que el evangelio de Jesucristo es la mejor noticia del mundo. Y el evangelio es precisamente eso: una noticia. Es el anuncio de lo que Dios ha hecho en Cristo para reconciliar a los pecadores consigo mismo. Pero ¿conocemos bien el evangelio? ¿Podrías compartir el evangelio a alguien con facilidad? El evangelio es el mensaje más importante que cualquiera de nosotros ha oído jamás. Así que, sin duda, vale mucho la pena pasar unas semanas cavando en su profundidad y riqueza. En este estudio vamos a explorar el mensaje del evangelio a través de este simple esquema: Dios-Hombre-Cristo-Respuesta. Y vamos a considerar lo que significa vivir una vida guiada por el evangelio y vivir juntos como una iglesia guiada por el evangelio. ¡Vamos a averiguar lo que hace que la buena noticia sea tan buena!

UNA MARCA ESENCIAL DE UNA IGLESIA SANA: UN ENTENDIMIENTO BÍBLICO DE LA BUENA NOTICIA

por Mark Dever

Publicado originalmente como el capítulo 7 del libro ¿Qué es una iglesia sana?

Es particularmente importante para nuestras iglesias tener una teología bíblica sana en un área especial: nuestro entendimiento de la buena noticia de Jesucristo, el evangelio. El evangelio es el corazón del cristianismo, por lo que debería estar en el corazón de nuestras iglesias.

Una iglesia sana es una iglesia en la que todos los miembros —jóvenes y mayores, maduros e inmaduros— se unen en torno a la maravillosa noticia de salvación a través de Jesucristo. Cada texto de la Biblia apunta a esta noticia o a algún aspecto de ella. Así que la iglesia se reúne semana tras semana para escuchar el evangelio una vez más. Un entendimiento bíblico de la buena noticia debería impregnar cada sermón, cada acto de bautismo y comunión, cada canción, cada oración, y cada conversación. Más que cualquier otra cosa en la vida de la iglesia, los miembros de una iglesia sana oran y anhelan conocer este evangelio más profundamente.

¿Por qué? Porque la esperanza del evangelio es la esperanza de conocer la gloria de Dios en la faz de Cristo (2 Co. 4:6). Es la esperanza de verle claramente y conocerle completamente, como somos conocidos (1 Co. 13:12). Es la esperanza de llegar a ser como él, al verle tal y como es (1 Jn. 3:2).

LOS FUNDAMENTOS DEL EVANGELIO

El evangelio no es la noticia de que estamos bien. No es la noticia de que Dios es amor. No es la noticia de que Jesús quiere ser nuestro amigo. No es la noticia de que él tiene un plan o propósito maravilloso para nuestra vida. El evangelio es la buena noticia de que Jesucristo murió en la cruz como un substituto por los pecadores y resucitó, abriendo un camino para que pudiésemos ser reconciliados con Dios. Es la noticia de que el Juez se convertirá en el Padre, si nos arrepentimos y creemos.

Aquí hay cuatro puntos que trato de recordar cuando comparto el evangelio, ya sea en privado o en público: (1) Dios, (2) el hombre, (3) Cristo, y (4) la respuesta. En otras palabras:

• ¿He explicado que Dios es nuestro Creador santo y soberano?

• ¿He dejado claro que los humanos somos una mezcla extraña, hechos maravillosamente a la imagen de Dios, aunque horriblemente caídos, pecadores y separados de él?

• ¿He explicado quién es Jesús y lo que él ha hecho, que él es el Dios-hombre que actúa como mediador, de manera única y exclusiva, entre

Dios y el hombre como substituto y Señor resucitado?

- Y finalmente, aunque haya compartido todo esto, ¿he dicho claramente que la persona debe responder al evangelio y debe creer este mensaje, apartándose de su vida de egoísmo y pecado?

A veces, es tentador presentar algunos de los beneficios reales del evangelio como si fuesen el evangelio mismo. Y estos beneficios tienden a ser las cosas que los que no son cristianos, naturalmente, quieren, como el gozo, la paz, la felicidad, la satisfacción, la autoestima o el amor. Sin embargo, presentarlos como el evangelio es presentar una verdad parcial. Y, como dice J. I. Packer: «Una verdad a medias disfrazada como toda la verdad, se convierte en una mentira completa».[1] Fundamentalmente, no necesitamos tan solo gozo, paz o propósito. Necesitamos a Dios mismo. Ya que somos pecadores condenados, entonces, necesitamos su perdón por encima de todo. Necesitamos vida espiritual. Cuando presentamos el evangelio de forma menos radical, simplemente estamos pidiendo conversiones falsas y listas de membresía cada vez más carentes de sentido, dos cosas que hacen más difícil la evangelización del mundo que nos rodea.

EL REBOSAMIENTO DEL EVANGELIO
Cuando una iglesia es sana y sus miembros conocen y aman el evangelio por encima de todo lo demás, cada

Una marca esencial de una iglesia sana

vez más querrán compartirlo con el mundo. George W. Truett, un gran líder cristiano de la generación pasada y pastor de *First Baptist Church* en Dallas, Texas, dijo:

La acusación suprema que puedes presentar contra una iglesia... es que esa iglesia carece de pasión y compasión por las almas humanas. Una iglesia no es nada más que un club ético si su compasión por las almas perdidas no rebosa, y si no sale esperando guiar a las almas perdidas al conocimiento de Jesucristo.

Hoy en día, los miembros de nuestras iglesias pasan mucho más tiempo con no cristianos —en sus hogares, oficinas y vecindarios— en comparación con el que pasan con otros cristianos que ven los domingos. La evangelización no es algo que hacemos, principalmente, cuando invitamos a alguien a la iglesia. Cada uno de nosotros tiene una noticia tremenda de salvación en Cristo. No la cambiemos por otra cosa. ¡Compartámosla hoy!

Una iglesia sana conoce el evangelio, y una iglesia sana lo comparte.

¿QUÉ ES EL EVANGELIO?

PARA EMPEZAR

¿Qué es el evangelio de Jesucristo? Podrías pensar que es una pregunta fácil de responder para los cristianos. Pero si hicieras esta pregunta a cincuenta cristianos evangélicos profesantes, ¡probablemente obtendrías casi el mismo número de respuestas diferentes!

1. *Según tu experiencia, ¿de qué maneras los cristianos evangélicos definen el evangelio?*

LA IDEA PRINCIPAL

El evangelio es la buena noticia acerca de lo que Dios ha hecho para salvar a los pecadores mediante la muerte y la resurrección de Cristo.

PROFUNDIZANDO

El análisis sistemático más detallado del evangelio en toda la Biblia se encuentra en la carta de Pablo a los Romanos, especialmente en los primeros cuatro capítulos.

Tras anunciar que no se avergüenza del evangelio porque la justicia de Dios se revela en él (Ro. 1:16-17), Pablo comienza su proclamación de la buena noticia dando algunas *malas noticias* aleccionadoras desde el 1:18 hasta el 3:20:

¿Qué es el evangelio?

¹⁸ Porque la ira de Dios se revela desde el cielo contra toda impiedad e injusticia de los hombres que detienen con injusticia la verdad. (1:18)

²¹ Pues habiendo conocido a Dios, no le glorificaron como a Dios, ni le dieron gracias, sino que se envanecieron en sus razonamientos, y su necio corazón fue entenebrecido. ²² Profesando ser sabios, se hicieron necios, ²³ y cambiaron la gloria del Dios incorruptible en semejanza de imagen de hombre corruptible, de aves, de cuadrúpedos y de reptiles. (1:21-23)

¹ Por lo cual eres inexcusable, oh hombre, quienquiera que seas tú que juzgas; pues en lo que juzgas a otro, te condenas a ti mismo; porque tú que juzgas haces lo mismo. ² Mas sabemos que el juicio de Dios contra los que practican tales cosas es según verdad. (2:1-2)

⁹ ¿Qué, pues? ¿Somos nosotros mejores que ellos? En ninguna manera; pues ya hemos acusado a judíos y a gentiles, que todos están bajo pecado.
¹⁰ Como está escrito:
No hay justo, ni aun uno;
¹¹ No hay quien entienda,
No hay quien busque a Dios.
¹² Todos se desviaron, a una se hicieron inútiles;
No hay quien haga lo bueno, no hay ni siquiera uno.
(3:9-12)

LA BUENA NOTICIA DE DIOS

[19] Pero sabemos que todo lo que la ley dice, lo dice a los que están bajo la ley, para que toda boca se cierre y todo el mundo quede bajo el juicio de Dios; [20] ya que por las obras de la ley ningún ser humano será justificado delante de él; porque por medio de la ley es el conocimiento del pecado (3:19-20)

1. *¿Ante quién son responsables los seres humanos? ¿En qué pasaje(s) ves esto?*

2. *¿Qué requiere Dios de la gente? (Pista: Véase Ro. 1:21-23)*

3. *¿Algún ser humano ha hecho lo que Dios requiere de nosotros? (Pista: Véase Ro. 3:9-12, 19-20)*

4. *¿Cuáles son los resultados de la rebelión universal de la humanidad contra Dios? ¿Cuál es la actitud de Dios hacia la humanidad a causa de nuestro pecado? (Pista: Véase Ro. 1:18; 2:2; 3:19-20)*

5. *¿Has oído alguna vez presentaciones evangelísticas que minimizan o ignoran las malas noticias que Pablo explica en estos capítulos? Si es así, ¿cómo las evaluarías a la luz de estos pasajes? ¿Cuáles crees que serán los resultados de los mensajes del «evangelio» que ignoran el pecado y la ira de Dios?*

¿Qué es el evangelio?

6. *¿Cuáles son algunos de los problemas que la gente tiende a presentar como nuestro principal problema al compartir el evangelio?*

7. *¿Cuál es, según Pablo, el problema más fundamental que tiene la gente?*

En resumen, hay dos puntos principales que Pablo está comunicando en esta explicación de tres capítulos acerca de las malas noticias de la rebelión de la humanidad contra Dios:

1. Toda la gente es responsable ante Dios, quien es nuestro santo Creador y Señor, y quien es digno de nuestra adoración y obediencia.
2. Todas las personas se han rebelado contra Dios, continuamente pecan contra Dios, por lo que son objetos de la ira de Dios.

Ahora, vamos con la *buena noticia*:

[21] Pero ahora, aparte de la ley, se ha manifestado la justicia de Dios, testificada por la ley y por los profetas: [22] la justicia de Dios por medio de la fe en Jesucristo, para todos los que creen en él. Porque no hay diferencia, [23] por cuanto todos pecaron y están destituidos de la gloria de Dios, [24] siendo justificados gratuitamente por su gracia, mediante la redención que es en Cristo Jesús, [25] a quien Dios puso como propiciación por medio de la

fe en su sangre, para manifestar su justicia, a causa de
haber pasado por alto, en su paciencia, los pecados pasados, ²⁶ con la mira de manifestar en este tiempo su
justicia, a fin de que él sea el justo, y el que justifica al
que es de la fe de Jesús. (Ro. 3:21-26)

⁴ Pero al que obra, no se le cuenta el salario como gracia, sino como deuda; ⁵ mas al que no obra, sino cree
en aquel que justifica al impío, su fe le es contada por
justicia. (Ro. 4:4-5)

8. *¿Cuál es la solución de Dios al problema que Pablo
   ha expuesto durante tres capítulos?*

9. *Según Pablo, ¿cómo recibe la gente la salvación que
   Dios ofrece en Cristo?*

10. *La palabra «propiciación» (3:25) significa «un sacrificio que satisface y desvía la ira de Dios».*

    a) ¿Quién necesita la propiciación? ¿Por qué?
    b) ¿Quién hace la propiciación? ¿Cómo?
    c) ¿Cuál es el resultado de la muerte propiciatoria de
       Jesús *para Dios? (Pista: Véase Ro. 3:26)*
    d) ¿Cuál es el resultado de la muerte propiciatoria de
       Jesús para *aquellos que creen en él?*

11. *La palabra «justificar» significa «declarar a alguien
    justo» (Ro. 3:24; 4:5; véase también 3:20). Según*

¿Qué es el evangelio?

Pablo, ¿sobre qué base pueden ser las personas justificadas por Dios? ¿Podemos ser justificados haciendo buenas obras?

Podríamos resumir la explicación de Pablo de la buena noticia en estos pasajes en dos puntos principales:

1. Al poner a Cristo como propiciación, Dios abrió un camino para que los pecadores culpables pudieran recibir el perdón de sus pecados, para que la ira de Dios se apartara de ellos y fuesen declarados justos a los ojos de Dios.
2. La manera en que recibimos esta salvación es por la fe en Jesús, por confiar solo en él para salvarnos, no por ninguna buena obra que hagamos.

Juntándolo todo, podríamos resumir el evangelio en cuatro palabras: Dios, el hombre, Cristo, y la respuesta.

Dios. Dios es el creador de todas las cosas. Él es perfectamente santo, digno de toda adoración, y castigará el pecado.

El hombre. Todas las personas, aunque fueron creadas buenas, llegaron a ser pecadoras por naturaleza. Desde el nacimiento, todos los seres humanos están alienados de Dios, son hostiles a Dios, y están sujetos a la ira de Dios.

Cristo. Jesucristo, quien es plenamente Dios y plenamente hombre, vivió una vida sin pecado, murió en la cruz para recibir la ira de Dios en lugar de todos los que creerían en él, y se levantó de la tumba para dar vida eterna a su pueblo. **La respuesta.** Dios llama a todas las personas, en todas partes, a arrepentirse de sus pecados y a confiar en Cristo para ser salvas.

12. Aquí hay algunos malentendidos comunes sobre el evangelio. ¿Cómo responderías a la luz de los pasajes que hemos estudiado?

a) El evangelio es que Dios quiere que vivamos vidas mejores.

b) El evangelio es que Dios te ama y tiene un plan maravilloso para tu vida.

c) El evangelio es que el reino de Dios ha venido en Jesús y ahora él nos llama a trabajar con él para transformar cada aspecto de la sociedad humana.

d) ¿Puedes pensar en otros?

13. ¿Cuáles crees que son algunas de las consecuencias prácticas de tener una definición difusa del evangelio o una definición errónea del evangelio? ¿Cuáles son algunos de los buenos resultados que deberían darse cuando definimos correctamente el evangelio?

DIOS, EL CREADOR JUSTO

PARA EMPEZAR

1. *¿Qué piensan tus amigos o familiares no creyentes sobre Dios? Si dicen creer en Dios, ¿qué creen acerca de él?*

LA IDEA PRINCIPAL

Una correcta comprensión del evangelio comienza con una correcta comprensión de Dios: que él es el justo Creador, y que todos nosotros somos responsables ante él.

PROFUNDIZANDO

Para entender bien el evangelio, debemos comenzar donde la propia Biblia comienza: con Dios el Creador. En Génesis 1 leemos:

> [1] En el principio creó Dios los cielos y la tierra. [2] Y la tierra estaba desordenada y vacía, y las tinieblas estaban sobre la faz del abismo, y el Espíritu de Dios se movía sobre la faz de las aguas. [3] Y dijo Dios: Sea la luz; y fue la luz. (1:1-3)

En el resto de Génesis 1 leemos que Dios creó el mar, la tierra, las plantas, las estrellas, y toda clase de animales. Luego, como culminación de la obra creadora de Dios, leemos:

LA BUENA NOTICIA DE DIOS

[26] Entonces dijo Dios: Hagamos al hombre a nuestra imagen, conforme a nuestra semejanza; y señoree en los peces del mar, en las aves de los cielos, en las bestias, en toda la tierra, y en todo animal que se arrastra sobre la tierra.

[27] Y creó Dios al hombre a su imagen, a imagen de Dios lo creó; varón y hembra los creó. (1:26–27)

1. *¿Qué enseña Génesis 1 acerca de todo el universo?*

2. *¿Qué enseña Génesis 1 acerca de la humanidad?*

3. *Muchas personas en Occidente hoy en día creen que la materia es todo lo que existe, que los humanos evolucionaron a través de procesos puramente naturales, y que, por tanto, no existen estándares absolutos de moral. ¿De qué forma el relato de Génesis 1 sobre la creación confronta estas creencias?*

4. *Muchas personas en Occidente hoy en día no se consideran sujetas a nadie, y se sienten libres de hacer lo que quieran. ¿Cómo confronta Génesis 1 estas actitudes?*

5. *¿Por qué es importante que la gente entienda que Dios es su Creador, a fin de que comprendan que necesitan un Salvador?*

Dios, el Creador justo

Mientras que Génesis 1 sirve como fuente de revelación acerca de quién es Dios como Creador, el resto de la Biblia tiene mucho más que decir sobre el carácter santo de Dios. Considera la revelación de Dios de su nombre a Moisés en Éxodo 34:

> ⁶ Y pasando Jehová por delante de él, proclamó: ¡Jehová! ¡Jehová! fuerte, misericordioso y piadoso; tardo para la ira, y grande en misericordia y verdad; ⁷ que guarda misericordia a millares, que perdona la iniquidad, la rebelión y el pecado, y que de ningún modo tendrá por inocente al malvado; que visita la iniquidad de los padres sobre los hijos y sobre los hijos de los hijos, hasta la tercera y cuarta generación. (34:6-7)

6. *¿Cuáles son los aspectos del carácter de Dios que vemos en este pasaje que las personas aceptan fácilmente? ¿Por qué crees que a las personas en general les gusta pensar en Dios de esta manera?*

7. *¿Cuáles son los aspectos del carácter de Dios que vemos en este pasaje que la gente en general rechaza? ¿Por qué crees que la gente tan a menudo se opone a estos aspectos del carácter de Dios?*

Un sinnúmero de otros pasajes de la Escritura da testimonio de que Dios es perfectamente santo y justo, y que ha de juzgar a todas las personas según lo que hayan hecho. Consideremos solo algunos:

LA BUENA NOTICIA DE DIOS

⁵ Este es el mensaje que hemos oído de él, y os anunciamos: Dios es luz, y no hay ningunas tinieblas en él. (1 Jn. 1:5)

¹³ Muy limpio eres de ojos para ver el mal, ni puedes ver el agravio; ¿por qué ves a los menospreciadores, y callas cuando destruye el impío al más justo que él. (Hab. 1:13)

⁵ Pero por tu dureza y por tu corazón no arrepentido, atesoras para ti mismo ira para el día de la ira y de la revelación del justo juicio de Dios, ⁶ el cual pagará a cada uno conforme a sus obras: ⁷ vida eterna a los que, perseverando en bien hacer, buscan gloria y honra e inmortalidad, ⁸ pero ira y enojo a los que son contenciosos y no obedecen a la verdad, sino que obedecen a la injusticia. (Ro. 2:5-8)

³⁰ Pues conocemos al que dijo: Mía es la venganza, yo daré el pago, dice el Señor. Y otra vez: El Señor juzgará a su pueblo. ³¹ ¡Horrenda cosa es caer en manos del Dios vivo! (He. 10:30-31)

8. *¿Qué enseñan estos pasajes acerca de la actitud de Dios hacia el pecado? ¿Qué dicen sobre lo que Dios hará con el pecado?*

9. *Muchas personas en Occidente hoy en día piensan que la moralidad es enteramente determinada por*

Dios, el Creador justo

la propia cultura. ¿Cómo responderías a alguien que creyera esto a la luz de estos pasajes?

10. *Muchas personas hoy en día ven a Dios como una figura indulgente, como un abuelo que no exige nada de nosotros y que es muy comprensivo con el hecho de que todos cometemos errores. ¿Cómo se sostiene este punto de vista con lo que nos enseñan estos pasajes?*

11. *¿Por qué dirías que es importante decirle a nuestros amigos no creyentes que Dios es nuestro justo Creador cuando tratamos de compartir el evangelio con ellos?*

12. *¿De qué maneras la iglesia puede dar testimonio de que Dios es nuestro justo Creador:*

a) en reuniones colectivas de adoración?
b) mientras los miembros trabajan durante la semana?
c) en las expectativas de la iglesia con respecto a sus miembros?

EL HOMBRE, EL PECADOR

PARA EMPEZAR

1. *Cuando compartes el evangelio con otras personas, ¿hay algunos conceptos que parecen no entender?*

2. *Cuando compartes el evangelio con otras personas, ¿hay algunos conceptos que parecen ser muy molestos?*

Un componente central del evangelio que la gente a menudo no entiende o rechaza airadamente es la enseñanza de la Biblia acerca de cuál es el problema básico de la humanidad. Así que vamos a dedicar todo nuestro estudio a este tema.

LA IDEA PRINCIPAL

El problema fundamental de la humanidad es que todos somos pecadores por naturaleza y por elección y, por tanto, estamos bajo la ira de Dios.

PROFUNDIZANDO

Romanos 3:9-20 es una de las más claras declaraciones del problema más fundamental de la humanidad en toda la Escritura. Pablo escribe:

⁹ ¿Qué, pues? ¿Somos nosotros mejores que ellos?

El hombre, el pecador

En ninguna manera; pues ya hemos acusado a judíos y a gentiles, que todos están bajo pecado.
[10] Como está escrito:
No hay justo, ni aun uno;
[11] No hay quien entienda.
No hay quien busque a Dios.
[12] Todos se desviaron, a una se hicieron inútiles;
No hay quien haga lo bueno, no hay ni siquiera uno.
[13] Sepulcro abierto es su garganta;
Con su lengua engañan.
Veneno de áspides hay debajo de sus labios;
[14] Su boca está llena de maldición y de amargura.
[15] Sus pies se apresuran para derramar sangre;
[16] Quebranto y desventura hay en sus caminos;
[17] Y no conocieron camino de paz.
[18] No hay temor de Dios delante de sus ojos.
[19] Pero sabemos que todo lo que la ley dice, lo dice a los que están bajo la ley, para que toda boca se cierre y todo el mundo quede bajo el juicio de Dios; [20] ya que por las obras de la ley ningún ser humano será justificado delante de él; porque por medio de la ley es el conocimiento del pecado.

1. *Según este pasaje, ¿cuántos son justos ante Dios?*

2. *En los versículos del 11 al 18, Pablo da varios ejemplos del Antiguo Testamento de nuestras maneras de pecar. Enumera tantas como puedas.*

LA BUENA NOTICIA DE DIOS

3. *¿Qué nos enseña acerca de la naturaleza humana el extenso catálogo de pecados que cita Pablo?*

4. *En el versículo 11, Pablo afirma que «no hay quien busque a Dios», y en el versículo 18 Pablo finaliza su catálogo de pecados diciendo, «No hay temor de Dios en sus ojos». ¿Cómo crees que se relacionan estos pecados con todos los otros que Pablo menciona?*

5. *En nuestra cultura mucha gente piensa que no hay ningún estándar de lo que es moralmente correcto o erróneo para todo el mundo. Piensan que las personas o las culturas particulares simplemente deciden lo que es correcto para ellas. Según este pasaje, ¿cómo responderías a alguien que creyera esto? (Véase especialmente el v. 19)*

6. *Lee el versículo 19. ¿Qué significa ser responsable ante Dios? ¿Por qué toda boca se callará?*

7. *Lee el versículo 20. Según este versículo, ¿cómo responderías a alguien que dijera, «Soy una persona bastante buena. Estoy seguro de que Dios me aceptará al final porque me he portado mejor que la mayoría de la gente»?*

Como vimos en el versículo 19, la Biblia enseña que el pecado no es solamente un problema para nosotros por

El hombre, el pecador

el hecho de tener malas consecuencias en nuestras propias vidas. Más bien, considera lo que dice Pablo en Efesios 5:

> ⁵ Porque sabéis esto, que ningún fornicario, o inmundo, o avaro, que es idólatra, tiene herencia en el reino de Cristo y de Dios.
> ⁶ Nadie os engañe con palabras vanas, porque por estas cosas viene la ira de Dios sobre los hijos de desobediencia. (Ef. 5:5-6)

8. *¿Qué dice Pablo que le ocurrirá a aquellos que practican inmoralidad sexual, impureza, o avaricia?*

9. *¿Sobre quienes vendrá la ira de Dios (v. 6)? ¿Por qué?*

10. *Considerando ambos pasajes, ¿cómo describirías la condición natural de la humanidad delante de Dios?*

11. *Tal y como hemos comentado en estudios previos, el evangelio es la buena noticia sobre lo que Dios ha hecho para salvar a los pecadores mediante la muerte y la resurrección de Jesucristo. ¿Por qué es importante entender lo que enseña la Biblia sobre nuestro pecado y la ira de Dios a fin de comprender y abrazar el evangelio?*

12. *Puesto que todos somos pecadores delante de Dios, es inútil que nos comparemos con los demás con el propósito de presentarnos mejores que ellos ante Dios. ¿Qué dice esto con respecto a nuestra tentación de medir nuestra espiritualidad con la de otros?*

13. *¿De qué maneras la enseñanza de la Biblia sobre el pecado y la ira de Dios debería impactar la vida de la iglesia? Considera las siguientes áreas:*

a) La adoración colectiva
b) La predicación
c) Las relaciones de discipulado
d) La evangelización

14. *¿De qué manera una comprensión bíblica del problema fundamental de la humanidad nos lleva a regocijarnos en el evangelio?*

JESUCRISTO, EL SALVADOR

PARA EMPEZAR

Nuestra cultura está llena de mensajes de autosalvación:

- «En el fondo, todos somos personas hermosas y espirituales. Solo tenemos que limpiar la suciedad del mundo que se nos ha pegado para que podamos vivir por nuestra pureza interior».
- «Si trabajas duro, ahorras dinero, y vives correctamente, puedes tener lo que quieras en la vida».

1. *¿Qué otros mensajes de autosalvación has oído?*

2. *¿Te has encontrado alguna vez con alguien que piense que el cristianismo es un mensaje de autosalvación? ¿Qué creía esta persona? ¿Cómo respondiste?*

Lejos de ser una religión de autosalvación, el cristianismo insiste en que somos totalmente incapaces de salvarnos nosotros mismos de la ira de Dios. El mensaje cristiano, el evangelio, es que a través de la muerte y la resurrección de Jesús, Dios ha logrado la salvación, una salvación que nunca podríamos alcanzar por nosotros mismos.

LA BUENA NOTICIA DE DIOS

LA IDEA PRINCIPAL
En su muerte en la cruz, Jesucristo satisfizo la ira de Dios contra todos aquellos que se arrepentirían de su pecado y confiarían en él. El corazón del evangelio es la buena noticia de que Jesús ha logrado la salvación para nosotros a través de su muerte y resurrección.

PROFUNDIZANDO
En Isaías 52:13-53:12, el profeta prevé un siervo del Señor, que sufrirá para salvar a su pueblo:

[13] He aquí que mi siervo será prosperado, será engrandecido y exaltado, y será puesto muy en alto.

[14] Como se asombraron de ti muchos, de tal manera fue desfigurado de los hombres su parecer, y su hermosura más que la de los hijos de los hombres,

[15] así asombrará él a muchas naciones; los reyes cerrarán ante él la boca, porque verán lo que nunca les fue contado, y entenderán lo que jamás habían oído.

[1] ¿Quién ha creído a nuestro anuncio? ¿y sobre quién se ha manifestado el brazo de Jehová?

[2] Subirá cual renuevo delante de él, y como raíz de tierra seca; no hay parecer en él, ni hermosura; le veremos, mas sin atractivo para que le deseemos.

[3] Despreciado y desechado entre los hombres, varón de dolores, experimentado en quebranto; y como que escondimos de él el rostro, fue menospreciado, y no lo estimamos.

[4] Ciertamente llevó él nuestras enfermedades, y sufrió

nuestros dolores; y nosotros le tuvimos por azotado, por herido de Dios y abatido.

⁵ Mas él herido fue por nuestras rebeliones, molido por nuestros pecados; el castigo de nuestra paz fue sobre él, y por su llaga fuimos nosotros curados.

⁶ Todos nosotros nos descarriamos como ovejas, cada cual se apartó por su camino; mas Jehová cargó en él el pecado de todos nosotros.

⁷ Angustiado él, y afligido, no abrió su boca; como cordero fue llevado al matadero; y como oveja delante de sus trasquiladores, enmudeció, y no abrió su boca.

⁸ Por cárcel y por juicio fue quitado; y su generación, ¿quién la contará? Porque fue cortado de la tierra de los vivientes, y por la rebelión de mi pueblo fue herido.

⁹ Y se dispuso con los impíos su sepultura, mas con los ricos fue en su muerte; aunque nunca hizo maldad, ni hubo engaño en su boca.

¹⁰ Con todo eso, Jehová quiso quebrantarlo, sujetándole a padecimiento. Cuando haya puesto su vida en expiación por el pecado, verá linaje, vivirá por largos días, y la voluntad de Jehová será en su mano prosperada.

¹¹ Verá el fruto de la aflicción de su alma, y quedará satisfecho; por su conocimiento justificará mi siervo justo a muchos, y llevará las iniquidades de ellos.

¹² Por tanto, yo le daré parte con los grandes, y con los fuertes repartirá despojos; por cuanto derramó su vida hasta la muerte, y fue contado con los pecado-

res, habiendo él llevado el pecado de muchos, y orado por los transgresores.

En Hechos 8, leemos que un eunuco etíope estaba leyendo este pasaje, y Felipe, «comenzando con esta Escritura», le dijo la buena noticia acerca de Jesús (Hch. 8:31-35). Jesús mismo citó este pasaje y dijo: «Porque os digo que esta Escritura debe cumplirse en mí» (Lc. 22:37). Así que sabemos por la Escritura misma que este pasaje se cumplió en Jesucristo.

1. *La figura en este pasaje es llamada con frecuencia el «siervo sufriente». Leyendo el pasaje de principio a fin, señala todas las maneras en las que este siervo sufre.*

2. *¿Quién causa el sufrimiento al siervo? (Pista: Hay más de una respuesta)*

3. *¿Cuál es la razón para el sufrimiento del siervo? ¿Es por algo que él hizo?*

4. *La sustitución —el hecho de que el siervo ocupe el lugar de su pueblo— es uno de los temas más prominentes de este pasaje. Indica todos los sitios donde este pasaje habla del siervo sufriente, o bien, de actuar en lugar de su pueblo. Anota lo que hace el siervo en la columna «Él/Su» y lo que se dice de nosotros en la columna «Nosotros/Nuestro»:*

Él/Su	Nosotros/Nuestro	(Versículo)
		(53:4)
		(53:4)
		(53:5)
		(53:5)
		(53:5)
		(53:5)
		(53:6)
		(53:8)
		(53:10)
		(53:11)
		(53:11)
		(53:12)

5. *Echando un vistazo a todo el pasaje, ¿cómo resumirías lo siguiente en tus propias palabras?:*

• Lo que el siervo sufrió en lugar de su pueblo.
• El resultado de su sufrimiento *para* su pueblo.

Debido a que apunta con tanta claridad a la crucifixión de Jesús, este pasaje nos proclama el corazón del evangelio. Se puede resumir la enseñanza de este pasaje acerca de la muerte de Jesús en las palabras «expiación penal sustitutiva».

- **Expiación:** Jesús derramó su vida como una ofrenda por el pecado. Él *hizo expiación* por nuestros pecados, cubriéndolos y haciéndonos *uno* con Dios. Donde hubo enemistad, ahora hay paz. En su muerte vicaria, Jesús satisfizo plenamente las demandas de la justicia de Dios, para que todos los que acudan a él con fe sean contados justos a los ojos de Dios, aceptados por Dios, reconciliados con Dios, y obtengan la vida eterna.

- **Penal:** La muerte de Jesús pagó el *castigo* por los pecados de su pueblo. Dios lo castigó como si él fuera culpable de los pecados de sus hijos.

- **Sustitutiva:** En la cruz, Jesús murió en lugar de su pueblo. Fue un *sustituto*. Él sufrió para que ellos no sufrieran. Fue castigado para que ellos pudiesen ser sanados y reconciliados con Dios. Fue considerado culpable mientras que ellos fueron considerados justos.

Este es el corazón del evangelio: Jesús sufrió la ira de Dios en la cruz para que todos los que confían en él sean justificados —¡considerados justos por Dios!—, por la fe solamente.

6. *Este pasaje indica claramente que el siervo sufre hasta la muerte; que él da su vida como un sacrifi-*

cio sustitutivo (Is. 53:8-10, 12). Sin embargo, el pasaje también habla del siervo viendo su descendencia, prolongando sus días, y recibiendo una recompensa del Señor por cuanto entregó su vida (Is. 53:10-12). ¿Cómo pueden ocurrir ambas cosas?

7. *Tal y como hemos visto, este pasaje apunta claramente no solo a la muerte sustitutiva de Jesús sino que también a su resurrección.*

    - ¿Podría ser el evangelio una buena nueva si Jesús nunca hubiese resucitado de la tumba? ¿Qué opinas? (Véase Is. 53:12)
    - ¿Cómo respondería el apóstol Pablo a esta pregunta? (Pista: Véase 1 Co. 15:17-19)

8. *¿Has escuchado alguna vez una presentación evangelística que no explicara la crucifixión y la resurrección de Jesús? ¿Era en realidad una presentación del evangelio?*

9. *Creer la buena nueva sobre la muerte y la resurrección de Jesús no solo es la manera mediante la cual nos hacemos cristianos (también alimenta nuestro crecimiento como cristianos). ¿De qué forma el evangelio aborda lo siguiente?:*

    a) Buscar erróneamente la aceptación y la aprobación de los demás.

b) Los prejuicios culturales o étnicos.
c) La ansiedad respecto al futuro.
d) La codicia.
e) ¿Puedes señalar asuntos con los que luchas, y cómo pueden ser abordados con el evangelio?

10. *¿Por qué es importante que una iglesia constantemente ejercite, celebre, y centre su vida en torno a la buena noticia de la muerte y la resurrección de Jesús?*

11. *¿Cuáles son algunas maneras en las que una iglesia local puede ejercitar, celebrar, y centrar su vida en torno a la obra salvífica de Jesús en la cruz?*

a) ¿En sus tiempos de adoración colectiva?
   • ¿En los sermones?
   • ¿En las canciones que canta?
   • ¿En la oración colectiva?
b) ¿En pequeños grupos?
c) ¿En actividades para alcanzar a la comunidad?
d) En... ¿Puedes pensar en otras áreas de la vida de la iglesia?

PARA ESTUDIO ADICIONAL
Si quieres profundizar sobre la expiación, considera las siguientes lecturas:

J. I. Packer y Mark Dever, *In My Place Condemned He Stood* (Crossway, 2008)

Jesucristo, el Salvador

Leon Morris, *The Atonement* (InterVarsity, 1984)
Mark Dever y Michael Lawrence, *It Is Well: Expositions on Substitutionary Atonement* (Crossway, 2010)

NUESTRA RESPUESTA: EL ARREPENTIMIENTO Y LA FE

PARA EMPEZAR

Cuando la gente en nuestra cultura habla acerca de la «fe», se pueden referir a «la esperanza de que algo sea cierto a pesar de que toda la evidencia del mundo está en contra». O podría significar un simple asentimiento intelectual que no tiene impacto en la vida de una persona: «Creo en Dios, pero eso no quiere decir que sea un fanático religioso o algo así». Algunas personas piensan que la fe es simplemente una confianza optimista en que todo en la vida va a salir bien: «Solo ten fe. Las cosas van a mejorar».

1. *¿Has oído hablar de la palabra «fe» de estas maneras? ¿Qué piensas sobre lo que una persona común de hoy entiende por «fe»?*

2. *¿Piensas que una persona puede creer en Jesús sin que esa fe cambie su vida?*

LA IDEA PRINCIPAL

El evangelio llama a la gente a arrepentirse de sus pecados y a creer en Jesucristo para ser salvos.

Nuestra respuesta: el arrepentimiento y la fe

PROFUNDIZANDO

Como hemos comentado en los últimos estudios, el evangelio es la buena noticia acerca de lo que Dios ha hecho para salvar a los pecadores a través de la muerte y resurrección de Cristo. Pero, a diferencia de gran parte de las noticias que puedas leer o escuchar cada día, esta noticia exige una respuesta.

En todo el Nuevo Testamento, vemos que la respuesta adecuada al evangelio tiene dos componentes, como dos caras de una moneda. Considera los siguientes pasajes:

- En Marcos 1:15 Jesús dice: «El tiempo se ha cumplido, y el reino de Dios se ha acercado; arrepentíos, y creed en el evangelio».

- En Hechos 20:21 Pablo explicó su ministerio diciendo: «Testificando a judíos y a gentiles acerca del arrepentimiento para con Dios, y de la fe en nuestro Señor Jesucristo».

1. ¿Cuáles son los dos elementos de la respuesta correcta al evangelio que vemos en estos pasajes?

El arrepentimiento y la fe siempre van de la mano. Pero para entender cada uno de ellos con claridad, vamos a considerarlos en orden: primero el arrepentimiento, luego la fe.

Hay muchos textos del Nuevo Testamento que ordenan que la gente se arrepienta o que describen lo que significa arrepentirse:

- En Hechos 3:19-20, después de proclamar el mensaje acerca de la muerte de Jesús, Pedro dice: «Así que, arrepentíos y convertíos, para que sean borrados vuestros pecados; para que vengan de la presencia del Señor tiempos de refrigerio, y él envíe a Jesucristo, que os fue antes anunciado».
- En Hechos 26:20, Pablo dice que declara tanto a los judíos como a los gentiles «que se arrepintiesen y se convirtiesen a Dios, haciendo obras dignas de arrepentimiento».
- En 1 Tesalonicenses 1:9-10, Pablo recuerda a los Tesalonicenses de su conversión: «porque ellos mismos cuentan de nosotros la manera en que nos recibisteis, y cómo os convertisteis de los ídolos a Dios, para servir al Dios vivo y verdadero, y esperar de los cielos a su Hijo, al cual resucitó de los muertos, a Jesús, quien nos libra de la ira venidera».

2. *¿Qué otro término se usa en estos tres pasajes para describir el arrepentimiento?*

3. *¿Qué dicen estos pasajes acerca de lo que la gente debe cambiar? ¿A qué o a quién debemos volvernos? Da ejemplos específicos.*

Nuestra respuesta: el arrepentimiento y la fe

4. *Según estos pasajes, el arrepentimiento no es simplemente un evento que ocurre una sola vez. Más bien, tiene implicaciones radicales y permanentes en la vida de un creyente. ¿Qué implicaciones del arrepentimiento nos muestran estos pasajes?*

5. *A la luz de los pasajes que hemos estudiado, ¿cómo responderías a alguien que declarase creer en Jesús pero que afirmase que no necesita arrepentirse de sus pecados y someterse a Jesús como su Señor?*

El otro lado de la moneda es la fe. En Romanos 4, Pablo presenta una imagen de la fe genuina, tomada de la vida de Abraham. Escribe:

[18] Él creyó en esperanza contra esperanza, para llegar a ser padre de muchas gentes, conforme a lo que se le había dicho: Así será tu descendencia.
[19] Y no se debilitó en la fe al considerar su cuerpo, que estaba ya como muerto (siendo de casi cien años, o la esterilidad de la matriz de Sara.
[20] Tampoco dudó, por incredulidad, de la promesa de Dios, sino que se fortaleció en fe, dando gloria a Dios,
[21] plenamente convencido de que era también poderoso para hacer todo lo que había prometido;
[22] por lo cual también su fe le fue contada por justicia.

LA BUENA NOTICIA DE DIOS

²³ Y no solamente con respecto a él se escribió que le fue contada,
²⁴ sino también con respecto a nosotros a quienes ha de ser contada, esto es, a los que creemos en el que levantó de los muertos a Jesús, Señor nuestro,
²⁵ el cual fue entregado por nuestras transgresiones, y resucitado para nuestra justificación. (Ro. 4:18-25)

6. *¿Qué le prometió Dios a Abraham que iba a hacer por él? (Para más información, véase Génesis 15:1-6)*

7. *¿Qué razones tenía Abraham para dudar de la promesa de Dios (v. 19)?*

8. *¿Cuál fue la actitud de Abraham hacia la promesa de Dios (vv. 20-21)? ¿Qué nos enseña esto sobre la fe?*

Algunas personas piensan hoy que la fe es como una simple creencia en hechos, un simple asentimiento mental. Piensan que alguien puede creer en Jesús de la misma forma en que podemos creer que Abraham Lincoln nació en una cabaña de madera en Kentucky. Puede ser una creencia verdadera, pero no requiere nada más que un asentimiento mental de mi parte, y desde luego no afecta a mi vida de una manera significativa.

Pero cuando la Biblia habla acerca de la fe, se refiere

Nuestra respuesta: el arrepentimiento y la fe

a una confianza de todo corazón. La fe es como saltar desde un trampolín, porque sabes que hay tres metros de agua hasta el fondo de cemento de la piscina. Confías en el agua, por así decirlo, por lo que te lanzas sobre ella. La verdadera fe, por tanto, siempre produce un cambio de vida. Si confías en Cristo, vas a creer, y a *hacer*, lo que él dice. No hay manera de creer en Jesús, y decir: "No creo que deban decirme qué debo hacer con mi vida". Jesucristo es el Señor. Él es el Rey del universo. Creer en él es aceptar esta afirmación. Es confiar en él para la salvación, que consiste en dejar el pecado e ir a Cristo.

9. *¿Qué hizo Dios en respuesta a la fe de Abraham (v. 22)? ¿Qué tiene que ver esto con nosotros (vv. 23-25)?*

En este pasaje Pablo proclama la gloriosa verdad de que somos justificados solamente por la fe. Esto es, cuando creemos en Jesucristo, Dios nos atribuye la justicia perfecta de Jesús a nosotros. Nuestros pecados pasados, presentes, y futuros están completamente perdonados y nuestra salvación es segura. Todo esto sucede solamente sobre la base de lo que Jesús ha hecho por nosotros.

10. *El mensaje del evangelio nos llama a tener fe en Jesús; es decir, a confiar en él y a depender totalmente*

49

de él para salvación. ¿En qué otras cosas eres tentado a confiar para estar bien con Dios?

11. *¿Cómo debería impactar un entendimiento bíblico de nuestra respuesta al evangelio —dejar el pecado y confiar en Cristo— a lo siguiente?*

a) Cómo interactúas con personas que nos son cristianas
b) A quiénes acepta la iglesia como miembros
c) Tus relaciones en la iglesia

SEMANA 6
UNA VIDA GUIADA POR EL EVANGELIO

PARA EMPEZAR

1. *¿Cuáles son algunas de las cosas que más te animan a medida que tratas de crecer como cristiano?*

2. *¿Cuáles son algunas de las cosas que más te desaniman a medida que tratas de crecer como cristiano?*

LA IDEA PRINCIPAL

El evangelio no es solamente el medio mediante el cual llegamos a ser cristianos; también es lo que nos permite crecer como cristianos.

PROFUNDIZANDO

En los primeros cinco capítulos de Romanos, Pablo proclama la salvación gratuita que Dios concede en el evangelio a todos los que creen en Cristo. En el capítulo 6, Pablo anticipa y responde a una pregunta que la gente pecadora naturalmente preguntará al oír hablar de la gratuita gracia de Dios:

[1] ¿Qué, pues, diremos? ¿Perseveraremos en el pecado para que la gracia abunde?
[2] En ninguna manera. Porque los que hemos muerto al pecado, ¿cómo viviremos aún en él?

LA BUENA NOTICIA DE DIOS

[3] ¿O no sabéis que todos los que hemos sido bautizados en Cristo Jesús, hemos sido bautizados en su muerte?

[4] Porque somos sepultados juntamente con él para muerte por el bautismo, a fin de que como Cristo resucitó de los muertos por la gloria del Padre, así también nosotros andemos en vida nueva.

[5] Porque si fuimos plantados juntamente con él en la semejanza de su muerte, así también lo seremos en la de su resurrección;

[6] sabiendo esto, que nuestro viejo hombre fue crucificado juntamente con él, para que el cuerpo del pecado sea destruido, a fin de que no sirvamos más al pecado.

[7] Porque el que ha muerto, ha sido justificado del pecado.

[8] Y si morimos con Cristo, creemos que también viviremos con él;

[9] sabiendo que Cristo, habiendo resucitado de los muertos, ya no muere; la muerte no se enseñorea más de él.

[10] Porque en cuanto murió, al pecado murió una vez por todas; mas en cuanto vive, para Dios vive.

[11] Así también vosotros consideraos muertos al pecado, pero vivos para Dios en Cristo Jesús, Señor nuestro.

[12] No reine, pues, el pecado en vuestro cuerpo mortal, de modo que lo obedezcáis en sus concupiscencias;

[13] ni tampoco presentéis vuestros miembros al pecado como instrumentos de iniquidad, sino presentaos vo-

sotros mismos a Dios como vivos de entre los muertos, y vuestros miembros a Dios como instrumentos de justicia. [14] Porque el pecado no se enseñoreará de vosotros; pues no estáis bajo la ley, sino bajo la gracia. (Ro. 6:1-14)

1. *¿Qué pregunta aborda Pablo en este pasaje?*

2. *¿Por qué crees que trata este asunto en particular?*

3. *Enumera todas las diferentes cosas que Pablo dice que ya le han sucedido a todos los que creemos en Cristo.*

4. *¿Por qué medios nos han sucedido todas estas cosas? (Pista: Véase especialmente el versículo 5)*

Como aprendemos en este pasaje, a través de la fe en Cristo no solo nuestros pecados son perdonados, sino que se nos da una naturaleza completamente nueva. Cuando pusimos nuestra fe en Cristo, nuestro viejo yo murió —de hecho, nuestro viejo yo fue crucificado— y fuimos levantados para una nueva vida espiritual a través de la unión con Cristo.

El evangelio no solo nos da un nuevo estado ante Dios, sino que nos da un nuevo *yo*; un yo que ya no está esclavizado al pecado, sino que es capaz de obedecer a Dios por el poder del Espíritu.

LA BUENA NOTICIA DE DIOS

5. *En este pasaje Pablo nos ordena hacer varias cosas. Enuméralas.*

6. *En el versículo 11 Pablo da el primer mandato de todo el libro de Romanos: «Así también vosotros consideraos muertos al pecado, pero vivos para Dios en Cristo Jesús».*

   a) Explica esta instrucción con tus propias palabras.

   b) ¿Por qué crees que Pablo nos dice que debemos pensar acerca de nosotros mismos de manera básicamente diferente antes de dar cualquier otra instrucción específica?

7. *Lee los versículos 13 y 14. ¿Qué razón o fundamento da Pablo en el versículo 14 para su instrucción del versículo 13?*

8. *¿Por qué razón Pablo da tal ánimo para perseverar en la superación de pecado y en buscar la justicia?*

9. *Si confías en Cristo para salvación, entonces, según este pasaje has sido unido a Cristo en su muerte y resurrección, lo cual significa que:*

• Has muerto al pecado (v. 2).

Una vida guiada por el evangelio

- Tu viejo hombre fue crucificado con Cristo (v. 6).
- Has sido liberado del pecado (v. 7).
- Has pasado de muerte a vida (v. 13).

¿Cuáles son algunos de los pecados específicos con los que luchas? ¿De qué manera la enseñanza de este pasaje te equipa para superar esos pecados?

10. *Muchos cristianos piensan que el evangelio es simplemente cómo llegamos a ser cristianos y luego nos toca a nosotros crecer en santidad. ¿Qué nos enseña este pasaje acerca de cómo el evangelio se relaciona con nuestro crecimiento como cristianos?*

11. *Como ha dicho Justin Taylor, la mayoría de la predicación evangélica sobre cómo crecer como cristiano consiste en algo como esto:*

No eres _____;
Deberías ser _____;
Por tanto, ¡haz o se _____![1]

12. *¿De qué manera la enseñanza de Pablo en este pasaje se diferencia de esta forma común de enseñar a los cristianos cómo crecer?*

13. *¿Cómo aplicarías la enseñanza de Pablo en este pasaje a alguien que lucha con las siguientes cosas?*

LA BUENA NOTICIA DE DIOS

a) La amargura y la envidia hacia los demás
b) El desánimo
c) Una adicción

SEMANA 7
UNA IGLESIA GUIADA POR EL EVANGELIO

PARA EMPEZAR

1. *¿Hay algo en tu vida que tienes que hacer, pero no estás motivado para hacerlo, o te cuesta encontrar la motivación para hacerlo?*

2. *¿Dónde crees que podrías encontrar la motivación para hacer estas cosas?*

En este estudio vamos a descubrir cómo el evangelio nos motiva y nos equipa para edificarnos unos a otros en la iglesia.

LA IDEA PRINCIPAL

El evangelio no solo nos libera del pecado de forma individual, sino que también nos equipa para vivir juntos como iglesia de una forma que construye unidad, que ayuda a otros a crecer espiritualmente, y que da gloria a Dios.

PROFUNDIZANDO

Después de exponer en once capítulos el evangelio de la gracia de Dios, en Romanos 12 Pablo pasa a exhortarnos acerca de cómo vivir a la luz del evangelio. En Romanos 12:1-2, escribe:

LA BUENA NOTICIA DE DIOS

[1] Así que, hermanos, os ruego por las misericordias de Dios, que presentéis vuestros cuerpos en sacrificio vivo, santo, agradable a Dios, que es vuestro culto racional. [2] No os conforméis a este siglo, sino transformaos por medio de la renovación de vuestro entendimiento, para que comprobéis cuál sea la buena voluntad de Dios, agradable y perfecta.

1. *¿Sobre qué base apela Pablo ante nosotros en este pasaje?*

2. *¿A qué se refiere Pablo cuando habla de «las misericordias de Dios»?*

3. *En el versículo 2, ¿qué nos dice Pablo que no hagamos? ¿Qué nos dice Pablo que hagamos? ¿Cómo debemos hacer esto?*

Inmediatamente después de esta exhortación inicial, Pablo desarrolla lo que quiere decir en términos muy prácticos:

[3] Digo, pues, por la gracia que me es dada, a cada cual que está entre vosotros, que no tenga más alto concepto de sí que el que debe tener, sino que piense de sí con cordura, conforme a la medida de fe que Dios repartió a cada uno. [4] Porque de la manera que en un cuerpo tenemos muchos miembros, pero no todos los miembros tienen la misma función,

Una iglesia guiada por el evangelio

⁵ así nosotros, siendo muchos, somos un cuerpo en Cristo, y todos miembros los unos de los otros.
⁶ De manera que, teniendo diferentes dones, según la gracia que nos es dada, si el de profecía, úsese conforme a la medida de la fe;
⁷ o si de servicio, en servir; o el que enseña, en la enseñanza;
⁸ el que exhorta, en la exhortación; el que reparte, con liberalidad; el que preside, con solicitud; el que hace misericordia, con alegría.
⁹ El amor sea sin fingimiento. Aborreced lo malo, seguid lo bueno.
¹⁰ Amaos los unos a los otros con amor fraternal; en cuanto a honra, prefiriéndoos los unos a los otros.
¹¹ En lo que requiere diligencia, no perezosos; fervientes en espíritu, sirviendo al Señor.
¹² gozosos en la esperanza; sufridos en la tribulación; constantes en la oración.
¹³ compartiendo para las necesidades de los santos; practicando la hospitalidad. (Ro. 12:3-13)

4. *Enumera en la tabla de abajo todas las cosas que Pablo nos exhorta a hacer en este pasaje junto con el versículo donde se encuentra cada una. A medida que lo haces, indica si se trata de un mandamiento que es principalmente individual o colectivo. Es decir, ¿es algo que simplemente haces tú mismo, o implica relacionarse con otros en la iglesia?*

59

LA BUENA NOTICIA DE DIOS

Mandamiento (v. __)	¿Individual o colectivo?

En el versículo 3, Pablo da su primer ejemplo de lo que significa no conformarse a este mundo sino ser transformado por la renovación de nuestras mentes: «Digo, pues, por la gracia que me es dada, a cada cual que está entre vosotros, que no tenga más alto concepto de sí que el que debe tener, sino que piense de sí con cordura, conforme a la medida de fe que Dios repartió a cada uno».

5. *¿Cómo nos equipa el evangelio para que pensemos de nosotros mismos con un juicio sobrio?*

6. *¿Cuáles serán algunos de los resultados en nuestras relaciones si nos creemos más importantes de lo que deberíamos?*

Una iglesia guiada por el evangelio

7. *¿Cuáles serán algunos de los resultados en nuestras relaciones si nos valoramos con un juicio sobrio?*

8. *Aquí hay otra implicación del evangelio que Pablo menciona: puesto que estamos en Cristo por fe, somos todos miembros del mismo cuerpo. ¿A qué nos exhorta Pablo a la luz de esto? (Véase vv. 4-8)*

9. *¿De qué maneras puedes edificar a otros a través de los dones que Dios te ha dado?*

10. *¿Cómo puede el evangelio equiparnos y motivarnos a amar verdaderamente a otros con un afecto fraternal y a superarnos en mostrar honra (vv. 9-10)?*

11. *En el versículo 13 Pablo nos urge a compartir «para las necesidades de los santos; practicando la hospitalidad». ¿Cómo puede el evangelio impulsarnos y motivarnos para que nos preocupemos de las necesidades de otros en la iglesia y para extender la hospitalidad?*

12. *¿De qué maneras prácticas puedes contribuir a las necesidades de los santos y mostrar hospitalidad?*

13. *Las viudas son un grupo de la iglesia que tiene necesidades particulares, por el que Dios tiene espe-*

cial preocupación (Sal. 68:5). ¿De qué maneras prácticas tú y otros miembros de tu iglesia podéis trabajar para cuidar a estas queridas hermanas?

14. En Romanos 15:7, al final de su extenso análisis de cómo deberíamos vivir como iglesia a la luz del evangelio, Pablo resume todo diciendo: «Por tanto, recibíos los unos a los otros, como también Cristo nos recibió, para gloria de Dios». ¿De qué otras maneras prácticas podemos «recibirnos» unos a otros en la iglesia en lugar de crear división y desunión?

APUNTES DEL MAESTRO PARA LA SEMANA 1

PROFUNDIZANDO

1. Los seres humanos son responsables ante Dios, nuestro Creador y Señor. Romanos 3:19 dice que la ley condena nuestro pecado, para que todo el mundo sea responsable ante Dios. Romanos 1:18 dice que la ira de Dios se revela contra nosotros, lo que indica nuestra responsabilidad moral ante él. Romanos 2:2 dice que el juicio de Dios cae sobre los que practican el mal, lo que indica una vez más nuestra responsabilidad última delante de Dios.

2. Dios requiere que las personas le den el honor, las gracias y la adoración que se le debe.

3. En Romanos 2:1-2; 3:9-12; y 3:19-20 Pablo argumenta que todas las personas sin excepción se han rebelado contra Dios, han pecado contra él, y han fallado en hacer lo que él requiere de nosotros.

4. Los resultados de la rebelión de la humanidad contra Dios incluyen:

- Nuestros pensamientos se han vuelto vanos (1:21).
- Nuestros corazones se han entenebrecido (1:21).

- Hemos afirmado ser sabios pero nos hemos vuelto necios (1:22).
- Nos hemos degradado nosotros mismos adorando ídolos (1:23).

Y, más fundamentalmente, a causa de nuestro pecado, la actitud de Dios hacia nosotros es de ira. Dios está enojado con nosotros debido a nuestro pecado y él nos castigará por nuestro pecado, a menos que nos arrepintamos del pecado y confiemos en Cristo.

5. Las respuestas pueden variar.

6. La evangelización de muchos cristianos profesantes comunica que nuestro problema principal es:

- La enfermedad, la muerte, o la pobreza
- Las relaciones rotas
- Una baja autoestima
- Una falta de propósito en la vida
- La opresión política

7. Según Pablo, el problema más fundamental que la gente confronta es la ira de Dios. *Dios* es nuestro problema porque todos hemos pecado contra él. Él es perfectamente santo y justo, y castigará todo pecado.

8. La solución de Dios al problema que Pablo ha expuesto es la muerte y la resurrección de Cristo.

9. La gente recibe esta salvación por fe, confiando solamente en Cristo para salvación (vv. 23, 25). La verdadera fe implica reconocer que uno es pecador y apartarse del pecado. Esto es lo que la Biblia llama «arrepentimiento».

10. En cuanto a la propiciación —el sacrificio de Jesús que satisface la ira de Dios— esta se aborda en el versículo 25:

a) Dios es el que debe ser propicio a nosotros, debido a que su ira está justamente en contra de nosotros a causa de nuestro pecado.

b) Jesús —enviado y comisionado por Dios el Padre, y en obediencia a Dios el Padre— es el que hace la propiciación, llevando en la cruz el castigo que nosotros merecíamos por nuestro pecado.

c) El resultado de la muerte propiciatoria de Jesús para Dios es que ahora él es «el justo, y el que justifica al que es de la fe de Jesús» (v. 26). Es decir, Dios es justo, porque ha castigado el pecado exactamente como se merece, y porque es capaz de declarar justos a aquellos que confían en Jesús, aun cuando son pecadores.

d) El resultado de la muerte propiciatoria de Jesús para aquellos que creen en él es que somos justificados solamente mediante la fe en él. Esto es, cuando confiamos en Jesús, Dios nos imputa la justicia de Jesús a nosotros, lo que significa que somos perfectamente justos a los ojos de Dios y que todos nuestros pecados son perdonados.

11. Según Pablo, las personas pueden ser justificadas sobre la base del sacrificio de Cristo, que expía sus pecados (3:24-26), y su justicia, que Dios les imputa a ellos (4:4-5). Recibimos este sacrificio expiatorio y la justicia por la fe en Cristo (3:22, 25, 26; 4:5).

12-13. Hay una variedad de respuestas válidas.

APUNTES DEL MAESTRO PARA LA SEMANA 2

PROFUNDIZANDO
1. Génesis 1 enseña que todo el universo fue creado por Dios y que por tanto él es su Señor y Gobernador.

2. Génesis 1 enseña que Dios creó al hombre a su imagen y le dio dominio sobre la tierra. Una implicación de esto es que el hombre tiene una relación especial con Dios, en la que se supone que representa a Dios ante la creación. Otra implicación es que todas las personas somos responsables ante Dios —nuestro Creador— por nuestra forma de vivir.

3. Génesis 1 confronta estas creencias evolucionistas al afirmar que Dios creó el universo de la nada y que él creó la humanidad mediante un acto especial y directo. Esto significa que la conclusión moral que algunos sacan de creer en la evolución —que no hay un estándar absoluto de moralidad externa a la humanidad— es errónea. En su lugar, Génesis 1 sienta las bases para entender que la moralidad es determinada en conformidad con el carácter y la voluntad de Dios.

4. La enseñanza de Génesis 1 de que Dios es el Creador y por tanto el Dueño, Gobernador y Señor de todas las cosas, confronta estas actitudes autónomas enseñando

que todas las personas son fundamentalmente criaturas. Somos seres derivados. Recibimos la vida de otro, lo que significa que estamos a su disposición y debemos conformar nuestras vidas a su voluntad. En otras palabras, el hecho de que Dios nos creó significa que somos responsables ante él por todo lo que hacemos.

5. Para que las personas sepan que necesitan un Salvador, es importante que entiendan que Dios es su Creador, porque tienen que entender que son responsables ante él. Cuando comprendemos que Dios es nuestro Creador, nos damos cuenta de que simplemente no podemos vivir como queramos. Más bien, somos responsables ante Dios por cada uno de nuestros pensamientos, palabras y obras.

6. A las personas les gusta aceptar la compasión, la gracia, la paciencia, el amor y el perdón de Dios. Una razón obvia de esto es que, al menos en apariencia, todos estos aspectos del carácter de Dios parecen indicar que ¡él tiene una actitud favorable *hacia nosotros*!

7. La gente tiende a oponerse a la justicia de Dios, a aquellos aspectos de su carácter que garantizan que *va* a castigar el pecado, tal y como lo describe el versículo 7. Una de las razones por las que la gente a menudo se opone a estos aspectos del carácter de Dios es que si Dios es santo, simplemente no podemos vivir como queramos y salirnos con la nuestra. Si Dios es justo,

entonces tiene exigencias morales en nuestras vidas con las que puede que no queramos vivir.

8. Estos pasajes nos enseñan que Dios está totalmente libre de pecado, que se opone por completo al pecado y que castigará el pecado y a los pecadores.

9. A la luz de estos pasajes, se puede responder a alguien que tenga estas creencias relativistas explicándole que la Biblia enseña que la moralidad se basa en el carácter de Dios. Esto significa que es universal y consistente, y que no depende de las diferentes culturas. Además, pasajes como estos enseñan que Dios no solo requiere que las personas vivan de cierta manera, sino que serán finalmente y eternamente responsables ante Dios por cómo han vivido.

10. Estos pasajes desacreditan la visión de Dios como el «abuelo benigno», demostrando que Dios es santo, justo y moralmente puro. Estos pasajes también enseñan que, lejos de barrer el pecado debajo de la alfombra como un conserje sin escrúpulos —por tomar una frase del libro de Greg Gilbert *¿Qué es el evangelio?*[1]—, Dios es tan intensamente santo, justo y *bueno* que va a castigar el mal y a todos aquellos que hacen el mal.

11. Hay una variedad de respuestas posibles, pero la idea básica es que para saber por qué necesitan un Salvador, la gente debe comprender:

- que Dios existe
- que Dios es el Creador y el Señor de todo
- que Dios es perfectamente justo y santo (es moralmente perfecto)
- que todos nosotros somos responsables ante Dios por nuestras acciones
- que Dios castigará todo pecado

12. Hay una variedad de respuestas válidas. Aquí se dan ejemplos de formas en las que la iglesia puede testificar que Dios es nuestro justo Creador:

a) En las reuniones colectivas de adoración:

- Reconocer nuestra dependencia de él mediante oraciones de petición
- Confesar en oración cómo hemos pecado contra Dios y nuestra necesidad de su perdón
- Cantar canciones que magnifiquen a Dios por su poder desplegado en la creación y por su carácter santo

b) Mientras los miembros trabajan durante la semana:

- Confiar en que el Dios que nos creó proveerá para nosotros, lo que nos conducirá a un uso radicalmente generoso del dinero y de otros recursos

Apuntes del maestro para la semana 2

- Tratar a todas las personas —independientemente de su edad, género, clase social, raza, o cualquier otra cosa— con compasión, respeto, y amor, ya que todas las personas han sido creadas a la imagen de Dios.

c) En las expectativas de la iglesia en cuanto a sus miembros:

- Ante el carácter santo de Dios, las iglesias deberían esperar que sus miembros lleven vidas de santidad, arrepintiéndose continuamente del pecado y tratando de reflejar el carácter de Dios a los que les rodean.

APUNTES DEL MAESTRO PARA LA SEMANA 3

PROFUNDIZANDO

1. Según este pasaje, nadie es justo delante de Dios, ni siquiera uno (vv. 11-12).

2. Algunos ejemplos de las formas en que pecamos son:

- Engañar a los demás (v. 13)
- Maldecir a otros, hablar con amargura (v. 14)
- Actuar violentamente (v. 15)
- Causar a otros ruina y miseria (v. 16)
- No temer a Dios (v. 18)

3. El catálogo de los pecados de Pablo nos enseña que los seres humanos somos totalmente corruptos, que el pecado impregna todas las facetas de nuestro ser.

4. Al abrir su catálogo de pecados con «no hay quien busque a Dios» y terminar diciendo: «No hay temor de Dios delante de sus ojos», Pablo parece estar indicando que la causa fundamental de todos estos pecados es que las personas han rechazado a Dios, se han rebelado contra él, y se niegan a temerle y a honrarle como deberíamos.

5. Una respuesta adecuada a tal moral relativista sería algo así como: «Según las Escrituras, lo que es moralmente correcto y lo que es incorrecto es determinado por el carácter mismo de Dios, que no cambia. Por tanto, Dios nos hace responsables a todos nosotros para vivir de una manera que sea consistente con su carácter y voluntad, cualquiera que sea la tradición cultural en la que vivamos».

6. Ser considerados responsables por Dios significa dar cuentas a Dios por todo lo que hemos hecho, recibir el veredicto de Dios por nuestras acciones, y recibir de Dios lo que nuestras acciones se merecen, lo cual, a menos que haya fe en Cristo, será el castigo eterno. Toda boca se callará porque nadie va a ser capaz de cuestionar el veredicto de Dios de «culpable».

7. A la luz del versículo 19, una respuesta apropiada sería algo así como: «Dios no nos valora con un medidor. La Biblia enseña que nadie puede ser justificado, es decir, ser declarado justo por Dios, sobre la base de las buenas obras que hacemos. Esto es así porque ninguno de nosotros obedece a Dios el 100% del tiempo y, con razón, Dios demanda una de nosotros obediencia perfecta. Además, la Escritura enseña no solo que no somos perfectos, sino que todos somos pecadores por naturaleza».

8. Pablo dice que los que practican tales cosas no tienen herencia en el reino de Cristo y de Dios, lo que significa

que serán excluidos del reino de Dios en el último día y serán castigados por sus pecados.

9. La ira de Dios viene sobre «los hijos de desobediencia», esto es, todos aquellos cuyas vidas se caracterizan por el pecado. ¿Por qué? Porque Dios es perfectamente justo y santo, y se opone a todo pecado.

10. La idea básica es que:

* Todas las personas son pecadoras
* La ira de Dios contra nosotros se debe a nuestro pecado

11. Las respuestas pueden variar, pero la idea básica es que tenemos que saber en qué tipo de problema estamos, y entender que tenemos un problema, antes de que abracemos a un Salvador.

12. Debido a que la santidad de Dios es nuestro estándar, y puesto que Dios nos capacita de forma individual por medio del Espíritu Santo con diferentes dones, según la voluntad de Dios, no deberíamos evaluarnos fundamentalmente comparándonos con los demás. Más bien, deberíamos humillarnos por el exigente estándar de la santidad de Dios y ser animados por la obra de la gracia de Dios en nuestras vidas.

13. Las respuestas pueden variar.

Apuntes del maestro para la semana 3

14. Las respuestas pueden variar. La idea básica es que cuando comprendemos la profundidad de nuestro problema, personalmente sentimos y nos regocijamos en la gloria de la solución. Cuando entendemos que fuimos esclavos del pecado, nos alegramos todavía más de que Cristo nos haya liberado de esa esclavitud. Cuando entendemos que la ira de Dios estaba en contra de nosotros a causa de nuestros pecados, nos alegramos de que Cristo haya pagado esa pena, y ahora estamos reconciliados con Dios y somos considerados justos delante de él.

APUNTES DEL MAESTRO PARA LA SEMANA 4

PROFUNDIZANDO

1. Aquí están todas las maneras en las que sufre el siervo en este pasaje:

- Su apariencia se vio afectada, lo cual habla del sufrimiento físico (52:14).
- Fue despreciado y desechado por los hombres (53:3).
- Fue un hombre de dolores, experimentado en quebranto (53:3).
- Los hombres lo despreciaron, y los suyos no lo estimaron (53:3).
- Llevó nuestras enfermedades (53:4).
- Soportó nuestros dolores (53:4).
- Fue azotado, herido y abatido (53:4).
- Fue herido por nuestras rebeliones (53:5).
- Fue molido por nuestros pecados (53:5).
- Fue castigado por nuestra paz (53:5).
- Fue golpeado por nuestra sanidad (53:5).
- Dios cargó sobre él nuestra iniquidad (53:6).
- Fue oprimido y afligido (53:7).
- Por cárcel y por juicio fue quitado (53:8).
- Fue cortado de la tierra de los vivientes (es decir, asesinado; 53:8).
- Fue herido por las transgresiones de la gente (53:8).

Apuntes del maestro para la semana 4

- Dios lo quebrantó y lo sujetó a padecimiento (53:10).
- Su alma hizo una ofrenda por el pecado (53:10).
- Su alma se angustió (53:11).
- Derramó su vida hasta la muerte (53:12).

2. Los hombres hicieron sufrir al siervo (53:3, 7-9). Pero no solo los hombres: el versículo 10 nos dice que fue la voluntad del Señor quebrantarlo, y que él, *Dios*, lo sujetó a padecimiento. El versículo 6 dice: «Jehová cargó en él el pecado de todos nosotros». Esto significa que Dios es el que, en última instancia, castigó al siervo causándole sufrimiento.

3. La causa del sufrimiento del siervo es el castigo de Dios por el pecado de su pueblo (53:4-6, etc.) El siervo *no* sufrió por nada de lo que hizo.

4. Así debería quedar la tabla completada (ver página siguiente).

5. El siervo sufrió la ira de Dios contra los pecados del pueblo de Dios (53:5-6). Su sufrimiento físico fue la expresión externa de soportar la ira de Dios por los pecados de muchos (53:10, 12), y llevar el pecado como substituto le costó la vida (53:8, 10, 12). El resultado para el pueblo de Dios es que son declarados justos a la vista de Dios (53:11), son sanados (53:5), y se les da la paz con Dios (53:5). En otras palabras,

a través del sufrimiento del siervo, el pueblo de Dios es perdonado, reconciliado con Dios, restaurado a una relación correcta con Dios, y sanado de los efectos del pecado.

Él/Su	Nosotros/Nuestro	(Versículo)
Llevó	Nuestras enfermedades	(53:4)
Sufrió	Nuestros dolores	(53:4)
Fue herido	Por nuestras rebeliones	(53:5)
Fue molido	Por nuestros pecados	(53:5)
Castigo	Nos trajo paz	(53:5)
Llaga	Curados	(53:5)
Jehová cargó en él	Pecado	(53:6)
Fue herido	Por nuestra rebelión	(53:8)
Hizo una ofrenda	Por nuestro pecado	(53:10)
Conocimiento	Considerados justos	(53:11)
Llevó	Nuestras iniquidades	(53:11)
Llevó	El pecado de muchos	(53:12)

6. ¿Cómo puede el siervo dar su vida como una ofrenda por el pecado y ver su descendencia, prolongar sus días, y recibir exaltación del Señor? La respuesta se encuentra en la resurrección de Jesús de entre los muertos. Jesús dio su vida en expiación por el pecado, y resucitó al tercer día, demostrando que en realidad había

satisfecho la ira de Dios, convirtiéndose en la fuente de vida eterna para todos los que creyeran en él.

7. No, el evangelio no sería una buena noticia si Cristo no hubiese resucitado de la tumba, porque al final, su muerte no habría sido diferente de cualquier otra crucifixión. Es la resurrección de Cristo la que demuestra y garantiza el poder de lo que su muerte en la cruz consiguió. Y el apóstol Pablo, por supuesto, afirma que si Cristo no resucitó de entre los muertos, nuestra fe es vana, todavía estamos en nuestros pecados, y somos los más dignos de lástima de todos los hombres (1 Co. 15:17-19).

8. Si una «presentación evangelística» no explica el significado de la muerte y la resurrección de Jesús, entonces el evangelio no ha sido presentado.

9-11. Las respuestas pueden variar.

APUNTES DEL MAESTRO PARA LA SEMANA 5

PROFUNDIZANDO

1. Los dos componentes de una respuesta correcta al evangelio son el arrepentimiento y la fe.

2. Estos tres pasajes usan la palabra «convertirse» para describir el arrepentimiento, como en convertirse *del* pecado y convertirse *a* Dios.

3. Estos pasajes dicen que debemos convertirnos del pecado y de los ídolos *a* Dios, para servirle y obedecerle. Véase especialmente 1 Tesalonicenses 1:9.

4. En primer lugar, debemos realizar acciones que demuestren arrepentimiento. Esto significa que continuamente debemos renunciar al pecado y tratar de obedecer a Dios (Hch. 26:20). En segundo lugar, ahora servimos a Dios en lugar de a los ídolos, lo que significa que toda nuestra vida debe dedicarse a hacer la voluntad de Dios (1 Ts. 1:9). En tercer lugar, tenemos una nueva esperanza en Cristo. Por tanto, el arrepentimiento también significa que hemos decidido no poner nuestra esperanza en los placeres pasajeros terrenales, sino en Cristo, cuya venida esperamos con entusiasmo (1 Ts. 1:10; véase también Hechos 3:20).

5. Una respuesta adecuada sería algo así como: «La fe verdadera no puede ser separada del arrepentimiento. Creer verdaderamente en Cristo como Salvador significa que te reconoces a ti mismo como pecador, reconoces que tu pecado es aborrecible a Dios, y que dependes de Cristo para salvarte del pecado. No puedes realmente hacer esto sin que al mismo tiempo renuncies el pecado, tomando la determinación de no vivir en él».

6. Dios prometió que la descendencia de Abraham sería tan numerosa como las estrellas (Gn. 15:5).

7. Las razones de Abraham para dudar de las promesas de Dios eran:

• Tenía casi cien años de edad
• Su esposa Sara era estéril y ¡también de edad muy avanzada! (Véase Ro. 4:19)

8. La fe de Abraham en la promesa de Dios no vaciló, sino que estaba plenamente convencido de que Dios era capaz de hacer lo que había prometido (Ro. 4:20-21). Esto nos enseña que la fe se apoya en el poder de Dios para cumplir sus promesas, incluso cuando se ven como imposibles desde una perspectiva humana.

9. En respuesta a la fe de Abraham, Dios se la contó como justicia, es decir, Dios le declaró justo, a pesar de que Abraham mismo era pecador. ¿Qué tiene esto que

ver con nosotros? ¡Todo! Al igual que Abraham fue justificado por la fe en Cristo, también nosotros somos justificados por la fe y tenemos la justicia de Cristo imputada (vv. 22-25).

10. Las respuestas pueden variar.

11. Las respuestas pueden variar. En cuanto a la membresía de la iglesia, a la luz de la enseñanza de la Biblia sobre la fe y el arrepentimiento, es importante para la iglesia aceptar como miembros solamente a las personas que se han arrepentido de sus pecados y que han confiado en Cristo, y cuyas vidas muestran algunos frutos de estas realidades.

APUNTES DEL MAESTRO PARA LA SEMANA 6

PROFUNDIZANDO

1. En este pasaje, Pablo formula la siguiente pregunta: «Si la gracia de Dios abunda cuando pecamos, ¿por qué no seguir pecando para que la gracia de Dios abunde más?». En otras palabras, si Dios extiende su gracia a nosotros, perdonando nuestros pecados y concediéndonos una posición de justos delante de él, al margen de todo lo bueno que podamos hacer, ¿no quiere decir esto que podemos vivir como queramos?

2. Pablo aborda esta pregunta porque es una respuesta natural de la gente pecadora cuando escucha que la gracia de Dios abunda sobre nuestro pecado. Cuando la gente pecadora escucha las buenas nuevas del perdón de pecados gratuito de Dios por medio de Cristo, instintivamente quiere torcer la noticia de tal manera que nos dé licencia para pecar de manera continua.

3. En este pasaje Pablo dice que todo esto le ha sucedido ya a los cristianos:

- Hemos muerto al pecado (v. 2).
- Fuimos bautizados en la muerte de Cristo (vv. 3-4).
- Estamos unidos con Cristo en su muerte (v. 5).

LA BUENA NOTICIA DE DIOS

- Nuestro viejo hombre ha sido crucificado con Cristo (v. 6).
- Hemos sido liberados del pecado (v. 7).
- Hemos pasado de muerte a vida (v. 13).
- No estamos bajo el poder de la ley sino de la gracia (v. 14).

4. Según Pablo, todas estas cosas nos han ocurrido a nosotros al estar unidos con Cristo por medio de la fe.

5. En este pasaje Pablo ordena lo siguiente a los cristianos:

- Considerarnos a nosotros mismos muertos al pecado pero vivos para Dios en Cristo (v. 11).
- No permitir que el pecado reine en nuestros cuerpos, haciéndonos obedecer sus pasiones (v. 12).
- No presentar nuestros cuerpos al pecado como instrumentos de iniquidad (v. 13).
- Presentarnos nosotros mismos a Dios, y presentar nuestros cuerpos a Dios como instrumentos de justicia (v. 13).

6. La idea básica del versículo 11 es que hemos de *considerarnos* a nosotros mismos, *vernos* a nosotros mismos como muertos al pecado y vivos para Dios. En otras palabras, hemos de recordar que, debido a nuestra unión con Cristo, *estamos* muertos al pecado y vivos para Dios.

7. En el versículo 14, Pablo dice que debemos presentar nuestros miembros a Dios como instrumentos de justicia, y no al pecado como instrumentos de iniquidad, porque el pecado *no tendrá dominio sobre nosotros*. Es decir, el poder del pecado en nosotros ya ha sido vencido por medio de nuestra unión con Cristo en su muerte y resurrección, y cuando seamos glorificados con Cristo en la tierra nueva, vamos a ser libres del pecado para siempre.

8. Que el poder del pecado ya ha sido derrotado y que un día seremos perfectamente libres de pecado es un gran estímulo, ya que significa que, dado que *no* estamos bajo el poder del pecado, no es *necesario* ceder a él. En otras palabras, Pablo está diciendo que Dios nos ha *capacitado*, a través de nuestra unión con Cristo, por el Espíritu Santo, para hacer lo que es agradable delante de él.

9. Las respuestas pueden variar, pero la idea básica es que cuando nos convertimos en cristianos, hemos recibido no solo un estado justo delante de Dios, sino una naturaleza completamente nueva. Así que ahora, por la gracia de Dios, *podemos* vencer el pecado y crecer en santidad. Antes de que fuéramos cristianos, estábamos viviendo en pecado y estábamos muertos para Dios, pero ahora estamos muertos al pecado y vivos para Dios en Cristo.

LA BUENA NOTICIA DE DIOS

10. Este pasaje nos enseña que el evangelio nos da una naturaleza totalmente nueva por lo que en realidad ahora somos capaces de obedecer a Dios. También enseña que crecemos en santidad por reflexionar, considerar y vivir a la luz de lo que Dios ya ha hecho por nosotros en Cristo. En otras palabras, el evangelio es lo que capacita, potencia y motiva nuestro crecimiento como cristianos.

11. La enseñanza de Pablo difiere del modo común de instrucción porque en vez de decir: «No eres [por ejemplo] puro, deberías ser puro, por tanto, sé puro», dice: «*Estáis* muertos al pecado y vivos para Dios en Cristo, por tanto *consideraos* muertos al pecado y vivos para Dios, y servid a Dios en lugar de servir al pecado». En otras palabras, Pablo manda a los cristianos a vivir a la luz de lo que ya son en Cristo y en vista de lo que Dios ya ha hecho por ellos en Cristo.

12. Las respuestas pueden variar, pero la idea básica en cada caso es animar a las personas pues han muerto a su naturaleza pecaminosa, el pecado ya no tiene dominio sobre ellas, ahora tienen una nueva vida espiritual en Cristo, y son *capaces*, por el Espíritu de Dios, de superar ese pecado. En otras palabras, en lugar de simplemente decirles lo que deberían hacer, deberíamos alentar a estas personas con lo que Dios ya ha hecho por ellas en Cristo y con cómo el evangelio ya las ha liberado de la esclavitud de sus pecados.

APUNTES DEL MAESTRO PARA LA SEMANA 7

PROFUNDIZANDO

1. En este pasaje Pablo nos habla basándose en las misericordias de Dios.

2. Esto se refiere a la gracia de Dios en el evangelio que Pablo acaba de exponer durante once capítulos. Pablo explica en estos capítulos que a través de la muerte y resurrección de Cristo, Dios ha perdonado nuestros pecados, nos ha dado una posición de justos delante de él, nos ha reconciliado consigo mismo, nos ha dado una nueva vida y una nueva naturaleza en Cristo, y ha revelado sus propósitos de gracia hacia nosotros.

3. En el versículo 2, Pablo nos dice que no debemos conformarnos a este mundo. En su lugar, *debemos* ser transformados *por* la renovación de nuestras mentes para que podamos discernir la voluntad de Dios.

4. Aquí están todas las cosas que Pablo nos exhorta a hacer en este pasaje, junto con el hecho de si son principalmente individuales o colectivas (ver página siguiente).

LA BUENA NOTICIA DE DIOS

Mandato	¿Individual o colectivo?
No pienses de ti mismo más alto de lo que debes, sino que piensa de ti mismo con un juicio sobrio (v. 3).	Individual
Usa los dones que Dios te ha dado para edificar a los demás (vv. 4-8).	Colectivo
Ama genuinamente a los demás (v. 9).	Colectivo
Aborrece lo que es malo y aférrate a lo que es bueno (v. 9).	Individual
Amaos los unos a los otros con amor fraternal (v. 10).	Colectivo
Superaos unos a otros en mostrar honra (v. 10).	Colectivo
Sed fervientes en espíritu al servir al Señor (v. 11).	Individual
Regocijaos en la esperanza, sed pacientes en la tribulación, y constantes en la oración (v. 12).	Individual
Contribuid a las necesidades de los santos (v. 13).	Colectivo
Practicad la hospitalidad (v. 13).	Colectivo

5. El evangelio nos equipa para pensar en nosotros mismos con cordura porque revela tanto la profundidad de nuestro pecado ante Dios como la maravillosa verdad de que en Cristo, Dios nos ha aceptado y nos ha declarado justos. Esto nos libera de basar nuestra posición delante de Dios en nuestras buenas obras, lo cual significa que podemos admitir francamente nuestros pecados, fracasos y debilidades.

6. Una respuesta válida es: si pensamos en nosotros mismos más alto de lo que deberíamos, vamos a ser orgullosos y arrogantes hacia los demás, usándolos egoístamente para promover nuestros propios intereses en lugar de buscar ponernos a su servicio para nuestro bien (mucho más podría decirse aquí).

7. Si pensamos en nosotros mismos con cordura, estaremos más dispuestos a compartir con otros y a perdonar sus pecados, sabiendo que Dios nos ha perdonado mucho. También vamos a estar más dispuestos a servir humildemente a otros en lugar de exigir que los demás nos sirvan (mucho más podría decirse aquí).

8. A la luz de nuestra nueva condición de miembros del cuerpo de Cristo, Pablo nos exhorta a usar nuestros dones para edificar a otros.

9. Las respuestas pueden variar.

10. El evangelio nos equipa y nos motiva a amar y a honrar a los demás ya que:

• Nos libera de la esclavitud de amarnos a nosotros mismos (Ro. 6:1-14).

• Demuestra la grandeza del amor de Dios para con nosotros (Ro. 5:6-8), lo cual nos da poder para amar a los demás.

• A través del evangelio, Dios nos ha colmado de honor inmerecido, lo que debería hacernos estar dispuestos y deseosos de honrar a los demás.

11. Como cristianos, hemos sido receptores de la extraordinaria y singular generosidad de Dios en Cristo. Por tanto, el evangelio nos capacita para dar generosamente a los demás de la abundancia de lo que Dios nos ha dado. En vez de considerar las posesiones como *nuestras*, sabemos que todo lo que tenemos viene de Dios. Y ya que Dios nos ha dado lo que más necesitamos, la salvación, a un gran costo para sí mismo, deberíamos estar dispuestos a proveer para las necesidades de otros, aun cuando nos cueste mucho.

12-14. Las respuestas pueden variar.

REFERENCIAS

UNA MARCA ESENCIAL DE UNA IGLESIA SANA: UN ENTENDIMIENTO BÍBLICO DE LA BUENA NOTICIA

1. Citado en J. I. Packer, «Saved by His Precious Blood: An Introduction to John Owen's *The Death of Death in the Death of Christ*» en la obra de J. I. Packer y Mark Dever, *In My Place Condemned He Stood: Celebrating the Glory of the Atonement* (Wheaton, IL: Crossway, 2008), 113.

SEMANA 6: UNA VIDA GUIADA POR EL EVANGELIO

1. Justin Taylor, «Imperatives-Indicatives=Impossibilities», *Between Two Worlds*, 3 de mayo, 2010, http://thegospelcoalition.org/blogs/justintaylor/2010/0 5/03/imperatives-indicatives-impossibilities/.

APUNTES DEL MAESTRO PARA LA SEMANA 2

1. Greg Gilbert, «¿Qué es el evangelio?». (Publicaciones Faro de Gracia, 2012).

LA BUENA NOTICIA DE DIOS

APUNTES PERSONALES

LA BUENA NOTICIA DE DIOS

APUNTES PERSONALES

LA BUENA NOTICIA DE DIOS

APUNTES PERSONALES

LA BUENA NOTICIA DE DIOS

APUNTES PERSONALES

LA BUENA NOTICIA DE DIOS

APUNTES PERSONALES

IX 9Marks

¿ES TU IGLESIA SANA?

9Marcas existe para equipar a los líderes de la iglesia con una visión bíblica y recursos prácticos para mostrar la gloria de Dios a las naciones a través de iglesias sanas.

Para ello, queremos ayudar a las iglesias a crecer en nueve marcos de salud que a menudo se pasan por alto:

1, Predicación Expositiva
2. Teología Bíblica
3. Un Entendimiento Bíblico de la Buenas Nuevas
4. Un Entendimiento Bíblico de Conversión
5. Un Entendimiento Bíblico del Evangelismo
6. Un Entendimiento Bíblico de la Membresía
7. Disciplina Bíblico en la Iglesia
8. El Discipulado y el Crecimiento Bíblico
9. Liderazgo Bíblico en la Iglesia

En 9Marks, escribimos artículos, libros, reseñas de libros y un diario en línea. Nosotros organizar conferencias, grabar entrevistas y producir otros recursos para equipar iglesias para mostrar la gloria de Dios.

Visite nuestro sitio web para encontrar contenido en más de 30 idiomas y regístrese para recibir nuestra revista en línea gratuita. Nuestros otros sitios web de idiomas se enumeran a continuación, y estamos agregando a estos:

Inglés - www.9Marks.org
Español - www.es.9Marks.org
Portugués - www.pt.9Marks.org
Chino - www.cn.9Marks.org
Ruso - www.ru.9Marks.org

Made in United States
North Haven, CT
07 April 2025

67720115R00055